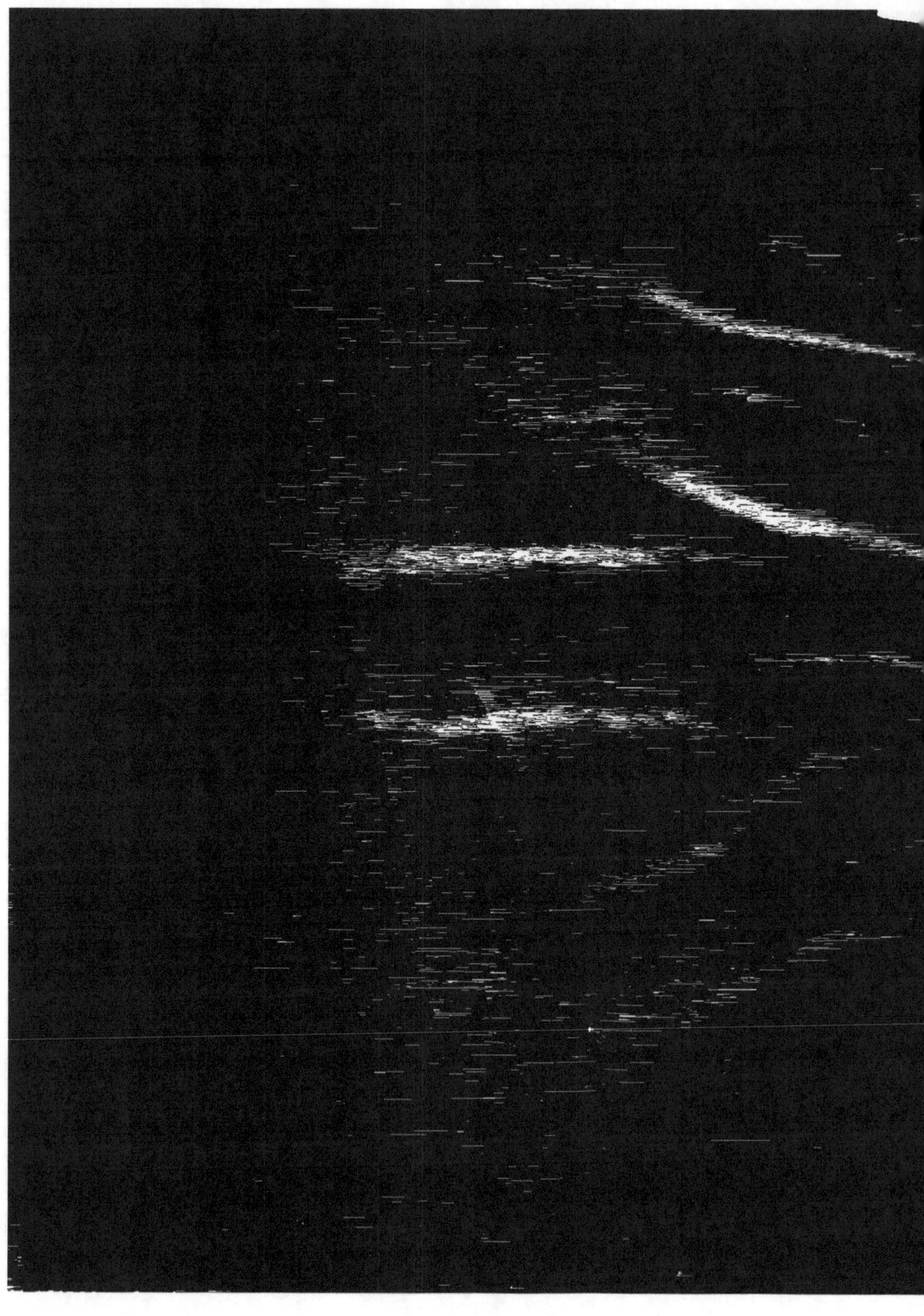

MISS-RAMY ET DE LA CROIX

PHOTOTYPIE BERTHAUD

MATMATA-BLED-KÉBIRA

VUE DES HAUTEURS A L'OUEST DE LA VILLE

LE
PAYS DES TROGLODYTES

PAR

M. E.-T. HAMY

MEMBRE DE L'ACADÉMIE DES INSCRIPTIONS ET BELLES-LETTRES

Notice lue dans la séance publique annuelle des cinq Académies
du 24 octobre 1891.

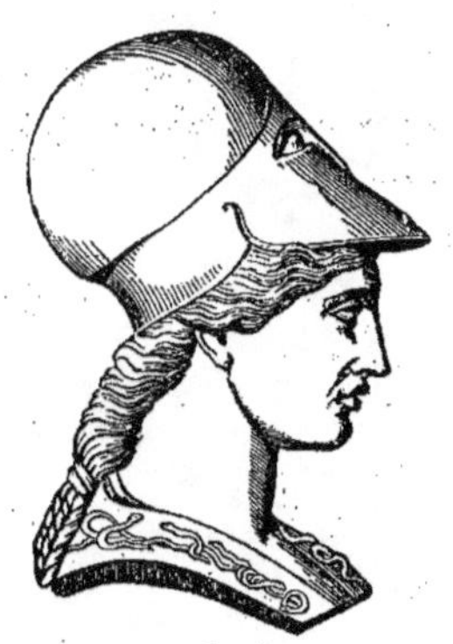

PARIS

TYPOGRAPHIE DE FIRMIN-DIDOT ET Cⁱᵉ

IMPRIMEURS DE L'INSTITUT DE FRANCE, RUE JACOB, 56.

M DCCC XCI.

[illegible]

LE
PAYS DES TROGLODYTES

PAR

M. E.-T. HAMY

MEMBRE DE L'ACADÉMIE DES INSCRIPTIONS ET BELLES-LETTRES

Notice lue dans la séance publique annuelle des cinq Académies
du 24 octobre 1891.

MESSIEURS,

Les anciens connaissaient vaguement en divers cantons
de l'Afrique septentrionale des peuples remarquables par
l'habitude commune d'installer leurs demeures dans la
profondeur du sol. C'étaient les Troglodytes (1).

Une partie du littoral de la mer Érythrée avait dû à
certains de ces barbares le nom d'Éthiopie troglodytique;
d'autres occupaient un territoire correspondant aux montagnes qui se dressent au sud du Fezzan; d'autres enfin,

---

(1) J'ai conservé l'orthographe *Troglodytes* par *l*, qui est plus répandue :
plusieurs auteurs préfèrent lire *Trogodytes*.

beaucoup plus à l'ouest, habitaient une région accidentée, où l'on reconnaît la chaîne qui contourne le fond de la Petite Syrte.

Les contes, débités par les écrivains de l'antiquité au sujet de ces singuliers indigènes, les représentaient habituellement comme creusant des habitations souterraines, grands chasseurs et si agiles qu'ils prenaient le gibier à la course, vivant pourtant surtout de la chair des serpents et des lézards, pauvres et désintéressés, n'ayant d'autre commerce que celui des escarboucles, dont ils n'étaient d'ailleurs que les intermédiaires; enfin, parlant une sorte de langage qui n'avait rien de commun avec celui des autres hommes et qu'Hérodote compare au cri strident des chauves-souris.

Ces renseignements sommaires, incohérents d'ailleurs et quelquefois bizarres, avaient laissé fort incrédules la plupart des historiens modernes de la géographie africaine. On reléguait assez communément ces êtres extraordinaires dans le monde chimérique, dont l'antiquité a si largement multiplié les espèces aux confins des pays connus, quand plusieurs voyageurs sérieux vinrent tour à tour signaler, aux régions mêmes où les Anciens avaient placé leurs Troglodytes, d'importantes tribus habitant, comme ceux-ci, des refuges souterrains, naturels ou artificiels.

Le capitaine anglais Lyons avait décrit, en 1821, à quatre jours de marche au sud-ouest de Tripoli, dans les parages signalés par Pomponius Mela et par Pline, un certain village de Beni-Abbas, profondément creusé dans l'argile sableuse ou la roche calcaire, et le consul français Delaporte, le cheikh égyptien Mohammed-Ibn-Omar-el-Tounsy

et d'autres encore étaient venus confirmer cette décou-
verte, en la généralisant à toute la région du Ghârian.

En 1869, Nachtigal trouva cachés dans le val de Tao,
au cœur du Tibesti, les antres des Toubous, descendants
directs des Éthiopiens Troglodytes, qu'Hérodote repré-
sentait comme les victimes des Garamantes, l'ancien peuple
du Fezzan. Enfin, vingt-trois ans plus tard, nos soldats
pénétrant dans le massif montagneux qui s'élève au sud-
ouest de Gabès et par Douirat et le Nefouça se relie au
Ghârian, y rencontrèrent une douzaine de bourgades,
excavées dans les alluvions anciennes des plateaux de
Matmata et de Toujane et peuplées d'environ 4000 habitants. Des officiers distingués, comme le commandant
Rébillet, des naturalistes instruits, comme le conseiller
Letourneux, ont visité depuis lors cette contrée; je l'ai
parcourue à mon tour, au cours d'un voyage d'étude (1) et
si j'ai vu peu de serpents et de lézards et moins encore
d'escarboucles dans les logis obscurs de Matmata, d'Hadeje
ou de Beni-Zelten, si je n'ai pas entendu sortir de la bouche
des khalifas, qui m'ont si bien reçu, la voix stridente dont
les historiens et les géographes classiques gratifiaient leurs
ancêtres, du moins ai-je pu recueillir quelques observa-
tions qui sont de nature à éclairer l'interprétation de certains passages des écrivains de l'antiquité. Je rassemblais
en même temps de nouveaux éléments pour l'étude des
survivances ethniques, qui prend chaque jour une place
plus importante dans l'histoire et l'anthropologie.

---

(1) J'avais pour compagnon de voyage M. l'ingénieur J.-E. de la Croix, qui
étudiait la géologie de la région.

I

C'est un court, mais rude trajet, que celui qui sépare le littoral de la Syrte des vallées intérieures peuplées par les Troglodytes. Il faut traverser le désert aride et pierreux de l'Araad, puis gravir péniblement le lit desséché de l'un des torrents qui découpent les falaises escarpées du djebel Demer.

C'est par l'ouest qu'il convient plutôt d'aborder les villes souterraines. On vient de visiter les acropoles des Zenâtia, et le contraste est saisissant entre les mœurs de deux familles voisines, appartenant au même ensemble ethnique, mais attachées l'une et l'autre avec une inébranlable fidélité à des habitudes toutes différentes. Le Zenati édifie sa bourgade suivant les règles architecturales des constructeurs des anciennes cités berbères, dont j'ai retrouvé les ruines dans la Tunisie moyenne, entre Dar-el-Bey et Kaïrouan : c'est un vrai camp retranché, formé de murailles en pierre sèche, aux rares ouvertures, dominées en arrière par d'autres murailles parallèles et renforcées de tours en demi-cercle qui couvrent l'entrée des ruelles. Le Matmati, au contraire, comme le Troglodyte antique creuse ses habitations, dispersées sans ordre, dans l'épaisseur des alluvions compactes que les pluies ont jadis accumulées au fond de ses vallées.

Derrière soi, des cimes rocailleuses où s'étagent les sombres redoutes zénatia, Tamezret, Zeraoua, etc.; devant, la vallée onduleuse et largement ouverte, où rien, à première vue, ne décèle la présence de l'homme. Un col étroit, barré d'un fortin en pierres brutes, marque la limite des deux territoires. On descend lentement, par une pente aride, en suivant un ravin excavé jadis par les eaux, et déjà l'épaisseur et la dureté des berges limoneuses suggèrent à l'esprit prévenu la possibilité d'y creuser des demeures. On descend, on descend toujours : la vallée s'élargit, l'horizon se dégage, tout un vaste terrain se découvre peu à peu, et pas un bruit, pas un mouvement qui trahisse les approches d'une bourgade populeuse. Et cependant là-bas, au fond, à droite, c'est bien la Gelaâ Matmata, qui nous apparaît avec ses pentes abruptes et sa large terrasse, sorte de forteresse naturelle, où maintes fois, au cours d'une histoire tourmentée, les indigènes ont trouvé un refuge. Ici, à gauche, c'est l'oued Matmata, dessinant les méandres jaunâtres de son lit desséché que piquent de taches sombres quelques oliviers dispersés. Matmata Bled Kebira, la grande ville des Matmatia, est bien certainement à nos pieds et nous n'en apercevons rien. Approchons encore. Des pistes deviennent visibles, nombreuses, entrecoupées; des bosselures et des creux se dessinent et la koubba d'un marabout, Sidi-Mouça, badigeonnée de blanc, se dresse au tournant du sentier, comme pour nous apprendre que le vieux peuple, aux mœurs étranges, que nous voulons aborder, a subi, lui aussi, l'action destructive de l'Islam, et n'a gardé, par conséquent, qu'un bien petit nombre de ces précieuses survivances que nous sommes venus étudier.

Comme en Égypte, au milieu des pauvres maisons en pyramide tronquée et des pigeonniers doubles qui rappellent les vieux pylônes, comme dans les acropoles zénatia, comme au Ghârian, comme en Kabylie, comme partout en somme dans le nord de l'Afrique, la koubba du marabout, le minaret de la mosquée, symboles du mahométisme triomphant, apparaissent à l'archéologue et à l'ethnographe comme quelque chose d'anormal, je dirais presque de déplacé. Ces constructions rurales, laides en elles-mêmes, disparates par rapport à celles des indigènes, au milieu desquelles elles s'isolent par la couleur et par les formes, troublent profondément l'harmonie du paysage, en même temps d'ailleurs qu'elles évoquent les luttes cruelles de la conquête et la conversion, par le fer et par le feu, des vaincus à la religion des vainqueurs. Les falaises abruptes du djebel Demer n'ont pas arrêté l'invasion hillalienne, et Matmati le troglodyte est depuis lors assez bon musulman.

Voici deux autres koubba encore, puis une maison blanche carrée, logis du chef religieux, enfin, le *dâr* du chef civil et militaire, le khalifa Ali-Ould-Kaïd-Ahmed.

Ce dâr est formé de cinq chambres parallèles en maçonnerie, appuyées à une petite colline et qui n'ont vraiment de troglodytique que la première apparence. Un peu de terre battue a été rapportée *pour la forme* sur la terrasse qui surmonte le bâtiment : à ce détail près, la résidence d'Ali, Berbère fortement arabisé, est celle des grands chefs demi-sédentaires qu'on rencontre partout dans le centre de la Tunisie.

Une dernière construction extérieure est une vieille citerne dont les voûtes, en partie effondrées, rappellent assez bien par leur structure et par leur forme celles de la Malga, à Carthage.

Tout le reste de la ville, qui s'étend sur quatre kilomètres et loge plus de deux mille habitants, est entièrement souterrain. Le dâr même qui nous abrite couvre
une vaste cave où l'on descend par une pente en demi-
cercle. C'est une partie de la demeure des anciens chefs,
creusée, nous dit Ali, au *temps des Romains,* ce qui, pour le
bon khalifa, paraît représenter le passé le plus reculé. Les
terrassiers qui ont accompli cet antique travail ont traversé
le limon calcaire qui forme le sol de toute la vallée, puis
un conglomérat caillouteux; enfin une sorte de meulière
très résistante qui constitue le plancher de la grotte. Une
seconde excavation, d'origine plus récente, est ménagée
dans le limon, un peu plus haut, à droite de la première;
elle sert d'écurie aux chevaux d'Ali.

Habitations, écuries, étables, ateliers, usines, tout dans
la ville des Matmatia est taillé de même façon dans le
limon. Tantôt on descend comme dans les caves de la résidence du khalifa, par des pentes plus ou moins droites, et
la lumière vient du dehors; tantôt il faut chercher l'entrée
d'un souterrain qui aboutit, après quelques détours, à une
cour intérieure plus ou moins régulière, qui prend son
jour par le haut, au sommet du mamelon alluvial, où la
demeure a été creusée.

Une petite usine que l'on installe et dans laquelle je
puis pénétrer me permet de me rendre compte du mode
de travail, conservé par la tradition chez les terrassiers
Matmatia. C'est une fabrique d'huile composée de trois
pièces, dont la première, qui commande les deux autres,
est éclairée par une porte ogivale, à laquelle une rampe
droite donne accès. Les deux chambres profondes sont

encore inachevées; une paroi réservée dans la masse du terrain les sépare l'une de l'autre. On a creusé à la pioche le pourtour intérieur et dégagé les voûtes et il ne reste que des cubes assez volumineux à enlever au centre. La plus grande pièce recevra le moulin avec ses accessoires, exactement semblable aux appareils qu'utilisent partout ailleurs les Berbères.

L'entrée de cette primitive usine est décorée d'un rang de pierres brutes, posées à sec autour de l'orifice du couloir de pénétration. Ce détail d'ornementation actuelle rappelle l'usage des anciens constructeurs de couvrir le front de leurs édifices souterrains d'un revêtement de pierres plus ou moins correctement alignées. Non loin du *dâr*, une sorte de palais d'époque fort ancienne et en grande partie ruiné, où j'ai pu faire quelques recherches, offre ainsi dans sa cour intérieure des façades entièrement garnies de murs, où s'ouvrent sur deux hauteurs de profondes chambres voûtées. L'habitation du chef, les écuries et les étables ont jadis occupé le rez-de-chaussée. A l'étage étaient creusés les *souks* ou magasins, où l'on grimpait en s'accrochant à quelques grosses pierres laissées en saillie dans la muraille.

Si la façade offre ainsi tout un parement de roches appliquées, rien autre chose ne se voit à l'intérieur que le limon argilo-calcaire, sorte de *lehm* encore tout sillonné des coups de pioche inégaux du terrassier antique. Ni bois, ni pierre, ni fer, partout la terre d'un gris jaunâtre ou rougeâtre, sèche et dure, où apparaissent de-ci de-là quelques rares coquilles d'hélix. Fallait-il un anneau pour accrocher une lampe, une borne où l'on pût faire passer

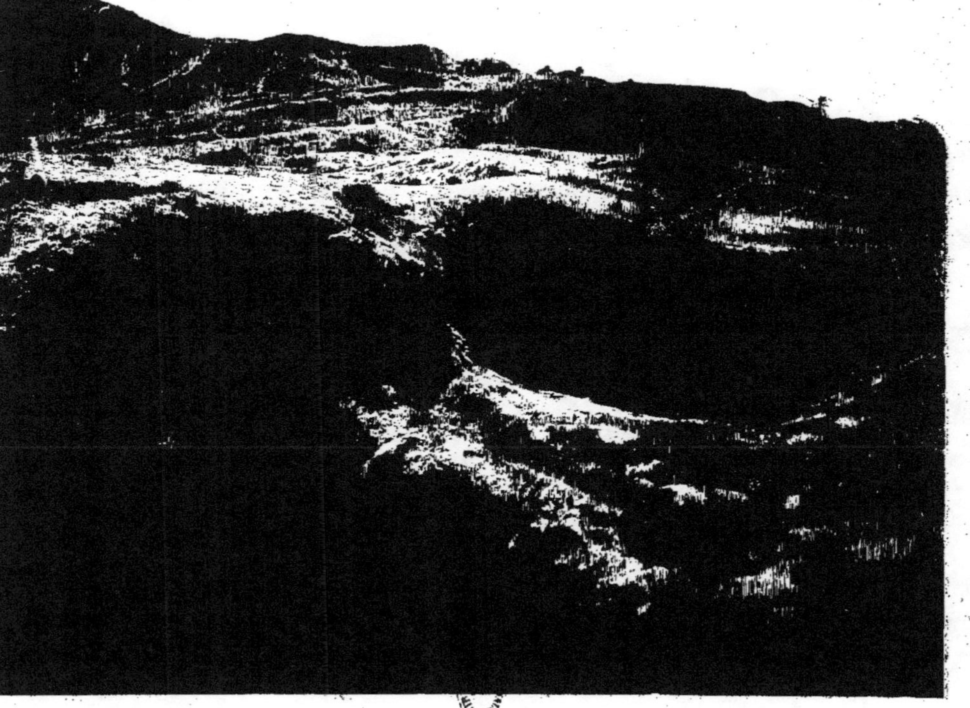

MISS-HAMY ET DE LA CROIX

PHOTOTYPIE BERTHAUD

HABITATIONS TROGLODYTIQUES

A HADÈGE, PLATEAU DE MATMATA

l'entrave d'un cheval, on les ménageait en relief au point le plus convenable de la chambre ou de l'écurie. Des niches remplaçaient les armoires, et des banquettes réservées le long des parois latérales servaient de lits et de chaises.

Ces chambres, comme toutes celles que nous avons vues chez nos Troglodytes, sont assez régulièrement voûtées, mais les voûtes affectent la forme de carènes ; en même temps les flancs sont légèrement courbes, les extrémités sensiblement rapprochées, et l'ensemble de la cavité donne assez bien l'impression d'un de ces vieux bateaux renversés, la quille en l'air, au bord de l'océan et sous lequel de pauvres ramasseurs d'épaves se sont ménagé un abri.

En reconnaissant ainsi des formes nautiques dans les lignes les plus essentielles de l'architecture des Troglodytes, je me rappelai soudain les rustiques *mapalia* dont parle Salluste au dix-huitième chapitre de son livre classique sur la guerre de Jugurtha. Salluste, résumant les traditions de la province qu'il administre et qu'il doit bien connaître, mentionne la mort d'Hercule et la dispersion de son armée composée de nations diverses. Les Mèdes, les Perses, les Arméniens, ont passé en Afrique sur leurs navires et occupent le littoral. Les Perses sont les plus éloignés de l'Océan, les plus orientaux et occupent par conséquent la région voisine des Syrtes, et comme ils ne trouvent point de matériaux de construction sur ce rivage inhospitalier et que la vaste mer et l'ignorance de la langue de leurs nouveaux voisins leur ôtent les moyens de s'en procurer par achat ou par échange, ils se sont construit des abris du creux de leurs vaisseaux. Et Salluste ajoute que les *édifices* de leurs descendants, nommés *mapalia*, édifices oblongs aux flancs courbes, rappellent la carène des navires, demeures de leurs ancêtres.

A une époque, assez peu éloignée, où l'ethnographie de l'Afrique du Nord était à peu près inconnue, on a cherché à expliquer les survivances signalées par l'historien romain, en assimilant les *mapalia* qu'il décrit aux tentes actuelles des tribus errantes des hauts plateaux de l'Atlas. En histoire comme en administration, on confondait alors le Berbère et l'Arabe, au grand préjudice de notre politique africaine, et dans l'espèce, les commentateurs de Salluste négligeaient les différences essentielles qui existent entre l'édifice stable des anciens habitants du sol et l'abri temporaire et mobile de pasteurs dont la migration au Magreb est relativement récente. Les vrais *mapalia* sont ces constructions carénées, longues, étroites et basses, dont les *ksours* de Mettamer et de Medenine, dans l'Araad, représentent le type le plus parfait et que nos Troglodytes de Matmata, d'Hadeje, etc., ont appropriées à leurs habitudes spéciales.

II

Salluste, en terminant son chapitre d'ethnogénie, montre les étrangers que la légende amène sur la rive d'Afrique, se croisant rapidement avec les Gétules indigènes. De ces alliances fécondes sort le grand peuple des Numides, bientôt répandu sur tout le territoire qui avoisine Carthage.

La complexité d'origines, ainsi attribuée par la tradition aux Numides, se manifeste, encore de nos jours, avec une grande netteté chez les Berbères de Tunisie en général et en particulier chez ceux des montagnes du Sud. Un type ethnique très spécial, dont la grande île de Djerba est le principal centre d'habitat, s'y rencontre avec un autre type, non moins caractéristique, qui prédomine dans le Djerid. Le type du Djerabi, qui correspondrait à la population étrangère que Salluste fait aborder sur le littoral voisin de la Syrte, se distingue à première vue par une coloration très claire de la peau, qui est d'un blanc mat ou légèrement dorée, la brièveté relative de la tête, et la rondeur de la face; le nez est droit, les lèvres sont minces, le menton est arrondi. Le type du Djeridi, descendant des anciens Gétules, est caractérisé au contraire par sa couleur foncée, voisine de celle du mulâtre, son crâne étroit et allongé, sa face haute, son nez retroussé, ses lèvres fortes et son menton fuyant. J'ai retrouvé ces deux types ethniques, bien dégagés déjà par M. le docteur Collignon, dans les deux khalifats des Matmatia. Le premier m'a paru dominer à Hadeje, le deuxième l'emportait à Matmata Bled Kebira.

Il se voit, en outre, par-ci par-là dans la montagne, des individus, sans doute d'origine zenata, qui rappellent nos Kabyles, quelques Arabes métis, enfin un petit nombre de Nègres plus ou moins berbérisés, exerçant en général la profession fort importante de puisatiers, mais se transformant obligeamment en musiciens pour les fêtes locales.

Les Matmatia sont à la fois pasteurs et cultivateurs. Ils

élèvent des troupeaux où les chèvres et les moutons sont
surtout en fort grand nombre ; et vont en vendre à la
côte la laine tantôt brute et tantôt tissée. Ils cultivent l'orge
et le blé, le dattier, l'olivier et le figuier, dont les pro-
duits transportés à Gabès leur permettent d'acquérir par
voie d'échange quantité d'objets étrangers, qui prennent
de plus en plus la place des choses originales qu'ils se
confectionnaient jadis. J'ai trouvé chez Ali de la porce-
laine de Limoges, de la verrerie commune, une lanterne
en fer-blanc de fabrication parisienne, des chandeliers de
cuivre, des bougies, du sucre blanc, une bouteille d'encre
de Dijon, une paire de lunettes à branches d'argent, des
couteaux de Châtellerault, des couverts en ruolz, etc.
Il ne restait de vraiment indigène dans l'entourage du
bon vieillard que les lainages gris des burnous, les tapis
d'Oudref étendus dans notre chambre, ou les grands plats
en vannerie et en bois, dans lesquels il nous servait une
plantureuse *diffa*.

Il en est de même à Hadeje et partout ailleurs.

Ce qui n'a pas subi l'influence de l'Europe est fortement
arabisé. Nourriture, vêtement, parures, armes, etc., rappellent leurs équivalents chez les nomades du désert voisin. L'état social est fort semblable, en général, à celui
des Arabes, dont les Matmatia imitent de leur mieux les pra-
tiques, tant qu'elles ne sont pas contraires à leur législa-
tion traditionnelle (*Kanoun*). Ils possèdent une *zaouïa* qui
jouit d'une grande réputation dans toutes les montagnes,
et leurs rites religieux reproduisent fidèlement ceux des
dissidents Ibbadites dont ils partagent les croyances. Ils
enterrent leurs morts à la manière arabe, dans des fosses

qui effleurent à peine la surface du sol, si bien qu'un voya-
geur-poète a pu dire, sans exagération, qu'en ce pays
étrange, les morts occupent la place des vivants, tandis
que les vivants « ont pour demeures de véritables sé-
« pulcres ». « Quand vous les en voyez sortir, dit encore
« le poète arabe, il semble qu'ils ressuscitent pour le jour
« du dernier jugement. »....

Beni-Zelten et Toujane marquent l'extrême limite orien-
tale du pays des Troglodytes. La langue berbère se fait
tendre de nouveau, en même temps qu'au-dessus des der-
nières caves habitées reparaissent les terrasses des tristes
maisons grises des Zenatia, dominant au loin la falaise
abrupte, puis la large plaine et la mer.

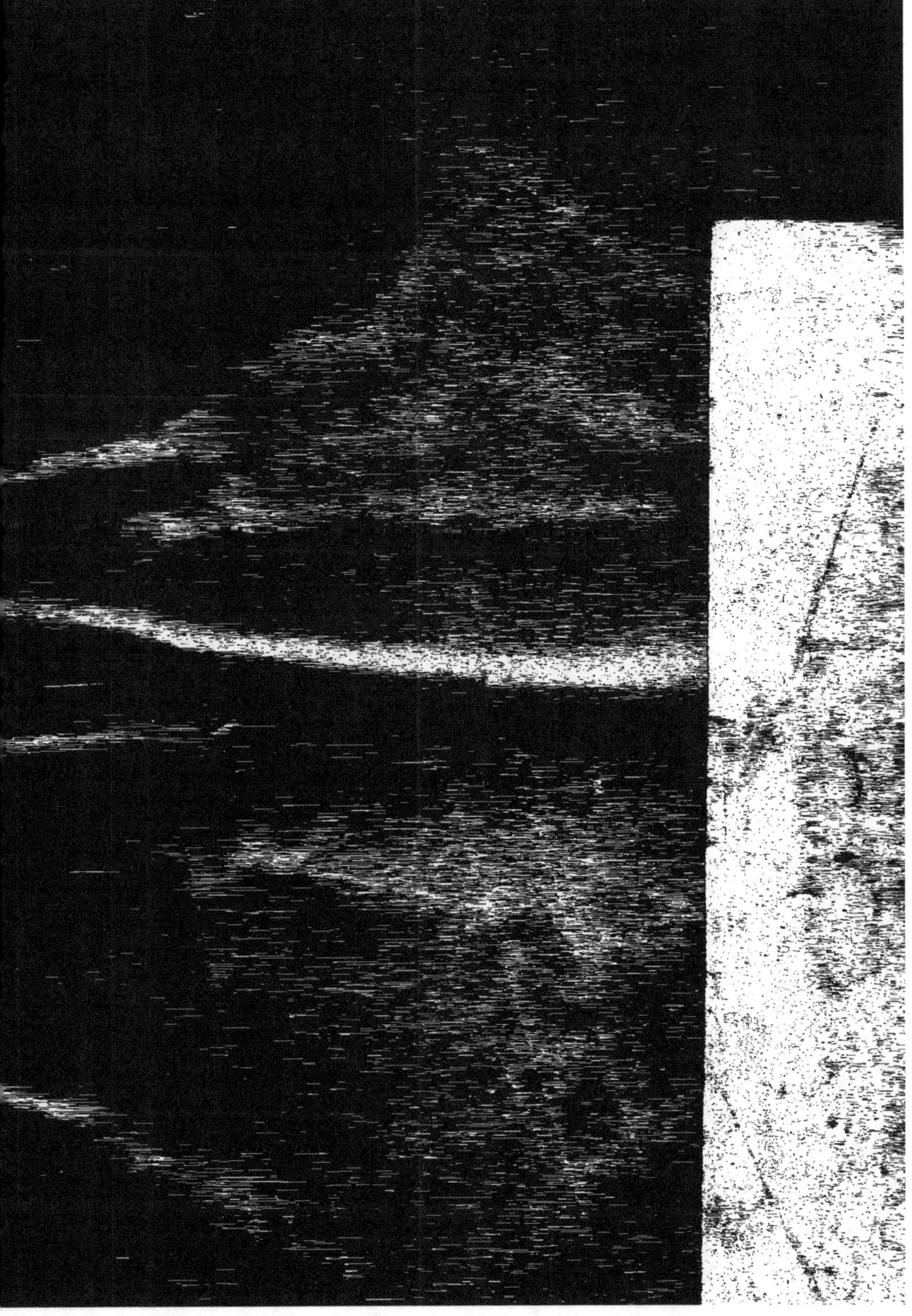